全国人民代表大会常务委员会公报版

中华人民共和国
个人所得税法

（最新修正本）

U0963587

中国民主法制出版社

图书在版编目（CIP）数据

中华人民共和国个人所得税法：最新修正本/全国人大常委会办公厅供稿．—北京：中国民主法制出版社，2018. 8

ISBN 978-7-5162-1885-3

Ⅰ. ①中…　Ⅱ. ①全…　Ⅲ. ①个人所得税—税法—中国　Ⅳ. ①D922. 222

中国版本图书馆 CIP 数据核字（2018）第 201718 号

书名/中华人民共和国个人所得税法
ZHONGHUARENMINGONGHEGUOGERENSUODESHUIFA

出版·发行/中国民主法制出版社
地址/北京市丰台区玉林里 7 号（100069）
电话/63055259（总编室）63057714（发行部）
传真/63056975　63056983
http://www.npcpub.com
E-mail:mzfz@npcpub.com
经销/新华书店
开本/32 开　850 毫米×1168 毫米
印张/1.25　字数/21 千字
版本/2018 年 8 月第 1 版　2018 年 8 月第 1 次印刷
印刷/北京天宇万达印刷有限公司

书号/ISBN 978-7-5162-1885-3
定价/6.00 元

目　　录

中华人民共和国主席令

第九号

《全国人民代表大会常务委员会关于修改〈中华人民共和国个人所得税法〉的决定》已由中华人民共和国第十三届全国人民代表大会常务委员会第五次会议于2018年8月31日通过，现予公布，自2019年1月1日起施行。

中华人民共和国主席　习近平

2018年8月31日

全国人民代表大会常务委员会关于修改《中华人民共和国个人所得税法》的决定

（2018年8月31日第十三届全国人民代表大会常务委员会第五次会议通过）

第十三届全国人民代表大会常务委员会第五次会议决定对《中华人民共和国个人所得税法》作如下修改：

一、将第一条修改为："在中国境内有住所，或者无住所而一个纳税年度内在中国境内居住累计满一百八十三天的个人，为居民个人。居民个人从中国境内和境外取得的所得，依照本法规定缴纳个人所得税。

"在中国境内无住所又不居住，或者无住所而一个纳税年度内在中国境内居住累计不满一百八十三天的个人，为非居民个人。非居民个人从中国境内取得的所得，依照本法规定缴纳个人所得税。

“纳税年度，自公历一月一日起至十二月三十一日止。”

二、将第二条修改为：“下列各项个人所得，应当缴纳个人所得税：

“（一）工资、薪金所得；

“（二）劳务报酬所得；

“（三）稿酬所得；

“（四）特许权使用费所得；

“（五）经营所得；

“（六）利息、股息、红利所得；

“（七）财产租赁所得；

“（八）财产转让所得；

“（九）偶然所得。

“居民个人取得前款第一项至第四项所得（以下称综合所得），按纳税年度合并计算个人所得税；非居民个人取得前款第一项至第四项所得，按月或者按次分项计算个人所得税。纳税人取得前款第五项至第九项所得，依照本法规定分别计算个人所得税。”

三、将第三条修改为：“个人所得税的税率：

“（一）综合所得，适用百分之三至百分之四十五的超额累进税率（税率表附后）；

“（二）经营所得，适用百分之五至百分之三十五的超额累进税率（税率表附后）；

“（三）利息、股息、红利所得，财产租赁所得，财产转让所得和偶然所得，适用比例税率，税率为百分之二十。”

四、将第四条中的“免纳”修改为“免征”。

在第六项中的“复员费”后增加“退役金”。

将第七项中的“退休工资、离休工资”修改为“基本养老金或者退休费、离休费”。

删除第八项中的“我国”。

将第十项修改为：“国务院规定的其他免税所得。”

增加一款，作为第二款：“前款第十项免税规定，由国务院报全国人民代表大会常务委员会备案。”

五、将第五条修改为：“有下列情形之一的，可以减征个人所得税，具体幅度和期限，由省、自治区、直辖市人民政府规定，并报同级人民代表大会常务委员会备案：

“（一）残疾、孤老人员和烈属的所得；

“（二）因自然灾害遭受重大损失的。

“国务院可以规定其他减税情形，报全国人民代表大会常务委员会备案。”

六、将第六条修改为：“应纳税所得额的计算：

“（一）居民个人的综合所得，以每一纳税年度的收入额减除费用六万元以及专项扣除、专项附加扣除和依法确定的其他扣除后的余额，为应纳税所得额。

“（二）非居民个人的工资、薪金所得，以每月收入额减除费用五千元后的余额为应纳税所得额；劳务报酬所得、稿酬所得、特许权使用费所得，以每次收入额为应纳税所得额。

“（三）经营所得，以每一纳税年度的收入总额减除成本、费用以及损失后的余额，为应纳税所得额。

“（四）财产租赁所得，每次收入不超过四千元的，减除费用八百元；四千元以上的，减除百分之二十的费用，其余额为应纳税所得额。

“（五）财产转让所得，以转让财产的收入额减除财产原值和合理费用后的余额，为应纳税所得额。

“（六）利息、股息、红利所得和偶然所得，以每次收入额为应纳税所得额。

“劳务报酬所得、稿酬所得、特许权使用费所得以收入减除百分之二十的费用后的余额为收入额。稿酬所得的收入额减按百分之七十计算。

“个人将其所得对教育、扶贫、济困等公益慈善事业进行捐赠，捐赠额未超过纳税人申报的应纳税所得额百分之三十的部分，可以从其应纳税所得额中扣除；国务院规定对公益慈善事业捐赠实行全额税前扣除的，从其规定。

“本条第一款第一项规定的专项扣除，包括居民个人按照国家规定的范围和标准缴纳的基本养老保险、基本医疗保险、失业保险等社会保险费和住房公积金等；专项附加扣除，包括子女教育、继续教育、大病医疗、住房贷款利息或者住房租金、赡养老人等支出，具体范围、标准和实施步骤由国务院确定，并报全国人民代表大会常务委员会备案。”

七、将第七条修改为：“居民个人从中国境外取得的所得，可以从其应纳税额中抵免已在境外缴纳的个人所得税税额，但抵免额不得超过该纳税人境外所得依照本法规定计算的应纳税额。”

八、增加一条，作为第八条：“有下列情形之一的，税务机关有权按照合理方法进行纳税调整：

“（一）个人与其关联方之间的业务往来不符合独立交易原则而减少本人或者其关联方应纳税额，且无正当理由；

“（二）居民个人控制的，或者居民个人和居民企业共同控制的设立在实际税负明显偏低的国家（地区）的企业，无合理经营需要，对应当归属于居民个人的利润不作分配或者减少分配；

“（三）个人实施其他不具有合理商业目的的安排而获取不当税收利益。

“税务机关依照前款规定作出纳税调整，需要补征税款的，应当补征税款，并依法加收利息。”

九、将第八条改为两条，分别作为第九条、第十条，修改为：

“第九条　个人所得税以所得人为纳税人，以支付所得的单位或者个人为扣缴义务人。

“纳税人有中国公民身份号码的，以中国公民身份号码为纳税人识别号；纳税人没有中国公民身份号码的，由税务机关赋予其纳税人识别号。扣缴义务人扣缴税款时，纳税人应当向扣缴义务人提供纳税人识别号。

“第十条　有下列情形之一的，纳税人应当依法办理纳税申报：

“（一）取得综合所得需要办理汇算清缴；

“（二）取得应税所得没有扣缴义务人；

“（三）取得应税所得，扣缴义务人未扣缴税款；

“（四）取得境外所得；

“（五）因移居境外注销中国户籍；

“（六）非居民个人在中国境内从两处以上取得工资、薪金所得；

“（七）国务院规定的其他情形。

“扣缴义务人应当按照国家规定办理全员全额扣缴申报，并向纳税人提供其个人所得和已扣缴税款等信息。”

十、将第九条改为四条，分别作为第十一条、第十二条、第十三条、第十四条，修改为：

“第十一条　居民个人取得综合所得，按年计算个人所得税；有扣缴义务人的，由扣缴义务人按月或者按次预扣预缴税款；需要办理汇算清缴的，应当在取得所得的次年三月一日至六月三十日内办理汇算清缴。预扣预缴办法由国务院税务主管部门制定。

“居民个人向扣缴义务人提供专项附加扣除信息的，扣缴义务人按月预扣预缴税款时应当按照规定予以扣除，不得拒绝。

“非居民个人取得工资、薪金所得，劳务报酬所得，稿酬所得和特许权使用费所得，有扣缴义务人的，由扣缴义务人按月或者按次代扣代缴税款，不办理汇算清缴。

“第十二条　纳税人取得经营所得，按年计算个人所得税，由纳税人在月度或者季度终了后十五日内向税务机关报送纳税申报表，并预缴税款；在取得所得的次年三月三十一日前办理汇算清缴。

“纳税人取得利息、股息、红利所得，财产租赁所得，财产转让所得和偶然所得，按月或者按次计算个人所得税，有扣缴义务人的，由扣缴义务人按月或者按次代扣代缴税款。

“第十三条　纳税人取得应税所得没有扣缴义务人的，应当在取得所得的次月十五日内向税务机关报送纳税申报表，并缴纳税款。

“纳税人取得应税所得，扣缴义务人未扣缴税款的，纳税人应当在取得所得的次年六月三十日前，缴纳税款；税务机关通知限期缴纳的，纳税人应当按照期限缴纳税款。

“居民个人从中国境外取得所得的，应当在取得所得的次年三月一日至六月三十日内申报纳税。

“非居民个人在中国境内从两处以上取得工资、薪金所得的，应当在取得所得的次月十五日内申报纳税。

“纳税人因移居境外注销中国户籍的，应当在注销中国户籍前办理税款清算。

“第十四条　扣缴义务人每月或者每次预扣、代扣的税款，应当在次月十五日内缴入国库，并向税务机关报送扣缴个人所得税申报表。

“纳税人办理汇算清缴退税或者扣缴义务人为纳税人办理汇算清缴退税的，税务机关审核后，按照国库管理的有关规定办理退税。”

十一、增加一条，作为第十五条：“公安、人民银行、金融监督管理等相关部门应当协助税务机关确认纳税人的身份、金融账户信息。教育、卫生、医疗保障、民政、人力资源社会保障、住房城乡建设、公安、人民银行、金融监督管理等相关部门应当向税务机关提供纳税人子女教育、继续教育、大病医疗、住房贷款利息、住房租金、赡养老人等专项附加扣除信息。

“个人转让不动产的，税务机关应当根据不动产登记等相关信息核验应缴的个人所得税，登记机构办理转移登记时，应当查验与该不动产转让相关的个人所得税的完税凭证。个人转让股权办理变更登记的，市场主体登记机关应当查验与该股权交易相关的个人所得税的完税凭证。

“有关部门依法将纳税人、扣缴义务人遵守本法的情况纳入信用信息系统，并实施联合激励或者惩戒。”

十二、将第十条改为第十六条，修改为：“各项所得的计算，以人民币为单位。所得为人民币以外的货币的，按照人民币汇率中间价折合成人民币缴纳税款。”

十三、将第十二条改为第十八条，修改为：“对储蓄存款利息所得开征、减征、停征个人所得税及其具体办法，由国务院规定，并报全国人民代表大会常务委员会备案。”

十四、增加一条，作为第十九条：“纳税人、扣缴义务人和税务机关及其工作人员违反本法规定的，依照《中华人民共和国税收征收管理法》和有关法律法规的规定追究法律责任。”

十五、将第十三条改为第二十条，修改为：“个人所得税的征收管理，依照本法和《中华人民共和国税收征收管理法》的规定执行。”

十六、将个人所得税税率表一（工资、薪金所得适用）修改为：

个人所得税税率表一

（综合所得适用）

级数	全年应纳税所得额	税率（%）
1	不超过 36000 元的	3
2	超过 36000 元至 144000 元的部分	10
3	超过 144000 元至 300000 元的部分	20
4	超过 300000 元至 420000 元的部分	25
5	超过 420000 元至 660000 元的部分	30
6	超过 660000 元至 960000 元的部分	35
7	超过 960000 元的部分	45

（注 1：本表所称全年应纳税所得额是指依照本法第六条的规定，居民个人取得综合所得以每一纳税年度收入额减除费用六万元以及专项扣除、专项附加扣除和依法确定的其他扣除后的余额。

注 2：非居民个人取得工资、薪金所得，劳务报酬所得，稿酬所得和特许权使用费所得，依照本表按月换算后计算应纳税额。）

十七、将个人所得税税率表二（个体工商户的生产、经营所得和对企事业单位的承包经营、承租经营所得适用）修改为：

个人所得税税率表二

（经营所得适用）

级数	全年应纳税所得额	税率（%）
1	不超过30000元的	5
2	超过30000元至90000元的部分	10
3	超过90000元至300000元的部分	20
4	超过300000元至500000元的部分	30
5	超过500000元的部分	35

（注：本表所称全年应纳税所得额是指依照本法第六条的规定，以每一纳税年度的收入总额减除成本、费用以及损失后的余额。）

此外，对条文顺序作了相应调整。

本决定自2019年1月1日起施行。

自2018年10月1日至2018年12月31日，纳税人的工资、薪金所得，先行以每月收入额减除费用五千元以及专项扣除和依法确定的其他扣除后的余额为应纳税所得额，依照本决定第十六条的个人所得税税率表一（综合所得适用）按月换算后计算缴纳税款，并不再扣除附加减除费用；个体工商户的生产、经营所得，对企事业单位的承包经营、承租经营所得，先行依照本决定第十七条的个人所得税税率表二（经营所得适用）计算缴纳税款。

《中华人民共和国个人所得税法》根据本决定作相应修改，重新公布。

中华人民共和国个人所得税法

（1980年9月10日第五届全国人民代表大会第三次会议通过　根据1993年10月31日第八届全国人民代表大会常务委员会第四次会议《关于修改〈中华人民共和国个人所得税法〉的决定》第一次修正　根据1999年8月30日第九届全国人民代表大会常务委员会第十一次会议《关于修改〈中华人民共和国个人所得税法〉的决定》第二次修正　根据2005年10月27日第十届全国人民代表大会常务委员会第十八次会议《关于修改〈中华人民共和国个人所得税法〉的决定》第三次修正　根据2007年6月29日第十届全国人民代表大会常务委员会第二十八次会议《关于修改〈中华人民共和国个人所得税法〉的决定》第四次修正　根据2007年12月29日第十届全国人民代表大会常务委员会第三十一次会议《关于修改〈中

华人民共和国个人所得税法〉的决定》第五次修正　根据2011年6月30日第十一届全国人民代表大会常务委员会第二十一次会议《关于修改〈中华人民共和国个人所得税法〉的决定》第六次修正　根据2018年8月31日第十三届全国人民代表大会常务委员会第五次会议《关于修改〈中华人民共和国个人所得税法〉的决定》第七次修正）

第一条　在中国境内有住所，或者无住所而一个纳税年度内在中国境内居住累计满一百八十三天的个人，为居民个人。居民个人从中国境内和境外取得的所得，依照本法规定缴纳个人所得税。

在中国境内无住所又不居住，或者无住所而一个纳税年度内在中国境内居住累计不满一百八十三天的个人，为非居民个人。非居民个人从中国境内取得的所得，依照本法规定缴纳个人所得税。

纳税年度，自公历一月一日起至十二月三十一日止。

第二条　下列各项个人所得，应当缴纳个人所得税：

（一）工资、薪金所得；

（二）劳务报酬所得；

（三）稿酬所得；

（四）特许权使用费所得；

（五）经营所得；

（六）利息、股息、红利所得；

（七）财产租赁所得；

（八）财产转让所得；

（九）偶然所得。

居民个人取得前款第一项至第四项所得（以下称综合所得），按纳税年度合并计算个人所得税；非居民个人取得前款第一项至第四项所得，按月或者按次分项计算个人所得税。纳税人取得前款第五项至第九项所得，依照本法规定分别计算个人所得税。

第三条　个人所得税的税率：

（一）综合所得，适用百分之三至百分之四十五的超额累进税率（税率表附后）；

（二）经营所得，适用百分之五至百分之三十五的超额累进税率（税率表附后）；

（三）利息、股息、红利所得，财产租赁所得，财产转让所得和偶然所得，适用比例税率，税率为百分之二十。

第四条　下列各项个人所得，免征个人所得税：

（一）省级人民政府、国务院部委和中国人民解放军军以上单位，以及外国组织、国际组织颁发的科学、教育、技术、文化、卫生、体育、环境保护等方面的奖金；

（二）国债和国家发行的金融债券利息；

（三）按照国家统一规定发给的补贴、津贴；

（四）福利费、抚恤金、救济金；

（五）保险赔款；

（六）军人的转业费、复员费、退役金；

（七）按照国家统一规定发给干部、职工的安家费、退职费、基本养老金或者退休费、离休费、离休生活补助费；

（八）依照有关法律规定应予免税的各国驻华使馆、领事馆的外交代表、领事官员和其他人员的所得；

（九）中国政府参加的国际公约、签订的协议中规定免税的所得；

（十）国务院规定的其他免税所得。

前款第十项免税规定，由国务院报全国人民代表大会常务委员会备案。

第五条 有下列情形之一的，可以减征个人所得税，具体幅度和期限，由省、自治区、直辖市人民政府规定，并报同级人民代表大会常务委员会备案：

（一）残疾、孤老人员和烈属的所得；

（二）因自然灾害遭受重大损失的。

国务院可以规定其他减税情形，报全国人民代表大会常务委员会备案。

第六条 应纳税所得额的计算：

（一）居民个人的综合所得，以每一纳税年度的收入额减除费用六万元以及专项扣除、专项附加扣除和依法确定的其他扣除后的余额，为应纳税所得额。

（二）非居民个人的工资、薪金所得，以每月收入额减除费用五千元后的余额为应纳税所得额；劳务报酬所得、稿酬所得、特许权使用费所得，以每次收入额为应纳税所得额。

（三）经营所得，以每一纳税年度的收入总额减除成本、费用以及损失后的余额，为应纳税所得额。

（四）财产租赁所得，每次收入不超过四千元的，减除费用八百元；四千元以上的，减除百分之二十的费用，其余额为应纳税所得额。

（五）财产转让所得，以转让财产的收入额减除财产原值和合理费用后的余额，为应纳税所得额。

（六）利息、股息、红利所得和偶然所得，以每次收入额为应纳税所得额。

劳务报酬所得、稿酬所得、特许权使用费所得以收入减除百分之二十的费用后的余额为收入额。稿酬所得的收入额减按百分之七十计算。

个人将其所得对教育、扶贫、济困等公益慈善事业进行捐赠，捐赠额未超过纳税人申报的应纳税所得额百分之三十的部分，可以从其应纳税所得额中扣除；国务院规定对公益慈善事业捐赠实行全额税前扣除的，从其规定。

本条第一款第一项规定的专项扣除，包括居民个人按照国家规定的范围和标准缴纳的基本养老保险、基本医疗保险、失业保险等社会保险费和住房公积金等；专项附加扣除，包括子女教育、继续教育、大病医疗、住房贷款利息或者住房租金、赡养老人等支出，具体范围、标准和实施步骤由国务院确定，并报全国人民代表大会常务委员会备案。

第七条 居民个人从中国境外取得的所得，可以从其应纳税额中抵免已在境外缴纳的个人所得税税额，但抵免额不得超过该纳税人境外所得依照本法规定计算的应纳税额。

第八条 有下列情形之一的，税务机关有权按照合理方法进行纳税调整：

（一）个人与其关联方之间的业务往来不符合独立交易原则而减少本人或者其关联方应纳税额，且无正当理由；

（二）居民个人控制的，或者居民个人和居民企业共同控制的设立在实际税负明显偏低的国家（地区）的企业，无合理经营需要，对应当归属于居民个人的利润不作分配或者减少分配；

（三）个人实施其他不具有合理商业目的的安排而获取不当税收利益。

税务机关依照前款规定作出纳税调整，需要补征税款的，应当补征税款，并依法加收利息。

第九条 个人所得税以所得人为纳税人，以支付所得的单位或者个人为扣缴义务人。

纳税人有中国公民身份号码的，以中国公民身份号码为纳税人识别号；纳税人没有中国公民身份号码的，由税务机关赋予其纳税人识别号。扣缴义务人扣缴税款时，纳税人应当向扣缴义务人提供纳税人识别号。

第十条　有下列情形之一的，纳税人应当依法办理纳税申报：

（一）取得综合所得需要办理汇算清缴；

（二）取得应税所得没有扣缴义务人；

（三）取得应税所得，扣缴义务人未扣缴税款；

（四）取得境外所得；

（五）因移居境外注销中国户籍；

（六）非居民个人在中国境内从两处以上取得工资、薪金所得；

（七）国务院规定的其他情形。

扣缴义务人应当按照国家规定办理全员全额扣缴申报，并向纳税人提供其个人所得和已扣缴税款等信息。

第十一条　居民个人取得综合所得，按年计算个人所得税；有扣缴义务人的，由扣缴义务人按月或者按次预扣预缴税款；需要办理汇算清缴的，应当在取得所得的次年三月一日至六月三十日内办理汇算清缴。预扣预缴办法由国务院税务主管部门制定。

居民个人向扣缴义务人提供专项附加扣除信息的，扣缴义务人按月预扣预缴税款时应当按照规定予以扣除，不得拒绝。

非居民个人取得工资、薪金所得，劳务报酬所得，稿酬所得和特许权使用费所得，有扣缴义务人的，由扣缴义务人按月或者按次代扣代缴税款，不办理汇算清缴。

第十二条 纳税人取得经营所得，按年计算个人所得税，由纳税人在月度或者季度终了后十五日内向税务机关报送纳税申报表，并预缴税款；在取得所得的次年三月三十一日前办理汇算清缴。

纳税人取得利息、股息、红利所得，财产租赁所得，财产转让所得和偶然所得，按月或者按次计算个人所得税，有扣缴义务人的，由扣缴义务人按月或者按次代扣代缴税款。

第十三条 纳税人取得应税所得没有扣缴义务人的，应当在取得所得的次月十五日内向税务机关报送纳税申报表，并缴纳税款。

纳税人取得应税所得，扣缴义务人未扣缴税款的，纳税人应当在取得所得的次年六月三十日前，缴纳税款；税务机关通知限期缴纳的，纳税人应当按照期限缴纳税款。

居民个人从中国境外取得所得的，应当在取得所得的次年三月一日至六月三十日内申报纳税。

非居民个人在中国境内从两处以上取得工资、薪金所得的，应当在取得所得的次月十五日内申报纳税。

纳税人因移居境外注销中国户籍的，应当在注销中国户籍前办理税款清算。

第十四条 扣缴义务人每月或者每次预扣、代扣的税款，应当在次月十五日内缴入国库，并向税务机关报送扣缴个人所得税申报表。

纳税人办理汇算清缴退税或者扣缴义务人为纳税人办理汇算清缴退税的，税务机关审核后，按照国库管理的有关规定办理退税。

第十五条 公安、人民银行、金融监督管理等相关部门应当协助税务机关确认纳税人的身份、金融账户信息。教育、卫生、医疗保障、民政、人力资源社会保障、住房城乡建设、公安、人民银行、金融监督管理等相关部门应当向税务机关提供纳税人子女教育、继续教育、大病医疗、住房贷款利息、住房租金、赡养老人等专项附加扣除信息。

个人转让不动产的，税务机关应当根据不动产登记等相关信息核验应缴的个人所得税，登记机构办理转移登记时，应当查验与该不动产转让相关的个人所得税的完税凭证。个人转让股权办理变更登记的，市场主体登记机关应当查验与该股权交易相关的个人所得税的完税凭证。

有关部门依法将纳税人、扣缴义务人遵守本法的情况纳入信用信息系统，并实施联合激励或者惩戒。

第十六条 各项所得的计算，以人民币为单位。所得为人民币以外的货币的，按照人民币汇率中间价折合成人民币缴纳税款。

第十七条 对扣缴义务人按照所扣缴的税款，付给百分之二的手续费。

第十八条 对储蓄存款利息所得开征、减征、停征个人所得税及其具体办法，由国务院规定，并报全国人民代表大会常务委员会备案。

第十九条　纳税人、扣缴义务人和税务机关及其工作人员违反本法规定的，依照《中华人民共和国税收征收管理法》和有关法律法规的规定追究法律责任。

第二十条　个人所得税的征收管理，依照本法和《中华人民共和国税收征收管理法》的规定执行。

第二十一条　国务院根据本法制定实施条例。

第二十二条　本法自公布之日起施行。

个人所得税税率表一

（综合所得适用）

级数	全年应纳税所得额	税率（%）
1	不超过36000元的	3
2	超过36000元至144000元的部分	10
3	超过144000元至300000元的部分	20
4	超过300000元至420000元的部分	25
5	超过420000元至660000元的部分	30
6	超过660000元至960000元的部分	35
7	超过960000元的部分	45

（注1：本表所称全年应纳税所得额是指依照本法第六条的规定，居民个人取得综合所得以每一纳税年度收入额减除费用

六万元以及专项扣除、专项附加扣除和依法确定的其他扣除后的余额。

注 2：非居民个人取得工资、薪金所得，劳务报酬所得，稿酬所得和特许权使用费所得，依照本表按月换算后计算应纳税额。）

个人所得税税率表二
（经营所得适用）

级数	全年应纳税所得额	税率（%）
1	不超过 30000 元的	5
2	超过 30000 元至 90000 元的部分	10
3	超过 90000 元至 300000 元的部分	20
4	超过 300000 元至 500000 元的部分	30
5	超过 500000 元的部分	35

（注：本表所称全年应纳税所得额是指依照本法第六条的规定，以每一纳税年度的收入总额减除成本、费用以及损失后的余额。）

全国人民代表大会宪法和法律委员会关于《中华人民共和国个人所得税法修正案(草案)》审议结果的报告

全国人民代表大会常务委员会：

常委会第三次会议对个人所得税法修正案草案进行了初次审议。会后，法制工作委员会将草案印发各省、自治区、直辖市、中央有关部门和部分高等院校、研究机构征求意见，在中国人大网全文公布草案征求社会公众意见。法制工作委员会还到北京进行调研，听取意见；并就草案的有关问题与有关部门交换意见，共同研究。宪法和法律委员会于7月26日召开会议，根据常委会组成人员的审议意见和各方面意见，对草案进行了逐条审议。财政经济委员会、预算工作委员会、司法部、财政部、国家税务总局的有关负责同志列席了会议。8 月 20 日，宪法和法律委员会召开会议，再次进行审议。宪法和法律委员会认为，为落实党中央“逐步建立综合与分类相结合的个人所得税制”的改革要求和相关决策部署，更好地发挥个人所得税调节收入分配的作用，对个人所得税法进行修改是必要的，草案内容总体可行。同时，提出以下主要修改意见：

一、有的常委委员和有关方面提出，按照税收法定的要求，应纳税所得的范围、减免税均属于个人所得税的税制基本要素，个人所得税法中关于“其他所得范围”“其他减免税情形”由国务院财政部门确定或者批准的规定，不符合立法法的有关规定，建议将相关事项尽量在法律中明确，确实无法在法律中明确的，也应由国务院作出规定。宪法和法律委员会经研究，建议对相关内容作以下修改：一是，考虑到目前个人所得税法中列明的所得范围已经比较全面，可不必再由国务院或其有关部门确定“其他所得”，删除了现行个人所得税法第二条最后一项“经国务院财政部门确定征税的其他所得”的规定（修改决定草案第二条）。二是，将现行个人所得税法第四条第十项、第五条第三项“经国务院财政部门批准免税的所得”“其他经国务院财政部门批准减税的”分别修改为“国务院规定的其他免税所得”“国务院可以规定其他减税情形”；同时分别增加规定，国务院关于免税、减税的规定，应当报全国人大常委会备案。（修改决定草案第四条、第五条）

二、有的常委委员和专家提出，稿酬所得需要长期的智力投入，在税负上应给予一定的优惠；有的建议，对于劳务报酬所得、稿酬所得、特许权使用费所得，应在减除必要的费用后计算收入额，以体现量能课税、净所得征税的原则。宪法和法律委员会经研究，建议采纳这一意见，将第五条第二款修改为：劳务报酬所得、稿酬所得、特许权使用费所得以收入减除百分之二十的费用后的余额为收入额，其中，稿酬所得的收入额减按百分之七十计算。（修改决定草案第六条第二款）

三、草案第五条对专项附加扣除作了规定，居民个人的子女教育、继续教育、大病医疗、住房贷款利息和住房租金等支出，可以在税前予以扣除。有些常委会组成人员和有关方面提出，为了弘扬尊老孝老的传统美德，充分考虑我国人口老龄化日渐加快，工薪阶层独生子女家庭居多、赡养老人负担较重等实际情况，建议对于赡养老人支出，也予以税前扣除。宪法和法律委员会经研究，建议采纳这一意见。（修改决定草案第六条第四款）

四、有的意见提出，个人所得税法中的一些规定过于原则，如公益慈善事业捐赠扣除标准，专项附加扣除的具体范围、标准等，均要求国务院或者国务院部门予以细化，法律的权威性和可操作性不强，建议研究修改。宪法和法律委员会经研究，建议结合当前的实际做法，对相关规定作以下补充和修改：一是，在法律中直接对公益慈善事业捐赠扣除予以明确，即：个人将其所得对公益慈善事业进行捐赠，捐赠额未超过应纳税所得额百分之三十的部分，可以从其应纳税所得额中扣除；国务院规定对公益慈善事业捐赠实行全额税前扣除的，从其规定。二是，将草案关于专项附加扣除的具体范围、标准和实施步骤“由国务院财政、税务主管部门商有关部门确定”的规定修改为“由国务院确定，并报全国人民代表大会常务委员会备案”。（修改决定草案第六条第三款、第四款）

五、有的常委会组成人员和有关方面提出，为便于纳税人了解相关信息，准确进行年度汇总申报，扣缴义务人在办理扣缴申报后，应当向纳税人提供相关扣缴信息。宪法和法律委员会经研究，建议增加规定，扣缴义务人应当“向纳税人提供其个人所得和已扣缴税款等信息”。（修改决定草案第九条）

需要说明的是，在常委会审议和征求意见过程中，还有一些意见建议进一步提高基本减除费用标准，适当降低综合所得最高边际税率。上述问题，国务院有关部门在草案起草阶段进行过认真研究测算，相关规定兼顾了当前居民基本生活消费支出变化、税收调节收入分配的实际需要等情况。这次改革，通过提高基本减除费用标准，增加专项附加扣除，优化调整税率结构、扩大低档税率的级距等方式，减轻了广大纳税人的税收负担，使个人所得税税负水平更趋合理，实现了从分类税制向综合与分类相结合的个人所得税制的重大转变，个人所得税制改革迈出了关键一步。宪法和法律委员会经同国务院有关部门研究，建议对上述问题的有关规定不作修改；同时，建议国务院方面结合征管及配套条件的完善，进一步深化相关改革，逐步扩大综合征税范围，完善费用扣除，优化税率结构，并根据改革进程对上述问题予以统筹考虑，抓紧总结改革实践经验，积极回应广大人民群众的关切，及时提出对相关制度进行修改完善的建议。

此外，还对草案作了一些文字修改。

宪法和法律委员会已按照上述意见提出了全国人民代表大会常务委员会关于修改《中华人民共和国个人所得税法》的决定（草案），建议提请本次常委会会议审议通过。

修改决定草案和以上报告是否妥当，请审议。

全国人民代表大会宪法和法律委员会

2018 年 8 月 27 日

全国人民代表大会宪法和法律委员会关于《全国人民代表大会常务委员会关于修改〈中华人民共和国个人所得税法〉的决定（草案）》修改意见的报告

全国人民代表大会常务委员会：

常委会第五次会议于8月29日上午对修改个人所得税法的决定（草案）进行了分组审议，普遍认为，这次修改个人所得税法，通过提高减除费用标准，增加专项附加扣除，优化税率结构，切实减轻了广大纳税人的税收负担，是贯彻落实党的十九大精神的实际行动，是顺应民心民意和经济社会发展新形势的务实举措，草案已经比较成熟，建议进一步修改后，提请本次会议通过。同时，有些常委会组成人员和列席会议的同志还提出了一些修改意见。宪法和法律委员会于 8 月 29 日下午召开会议，逐条研究了常委会组成人员的审议意见，对草案进行了审议。全国人大财政经济委员会、预算工作委员会、司法部、财政部、国家税务总局的有关负责同志列席了会议。宪法和法律委员会认为，草案是可行的。同时提出以下修改意见：

一、有的意见提出，为保证税款征收，金融监督管理部门除协助税务机关确认纳税人的银行账户信息外，还应当协助确认其他金融账户信息，建议补充完善相应规定。宪法和法律委员会经研究，建议将草案第十一条中的“银行账户信息”修改为“金融账户信息”。（修改决定草案建议表决稿第十一条）

二、有的常委委员提出，草案第十条关于纳税人取得经营所得于“次年三月三十一日前”办理汇算清缴，以及扣缴义务人未扣缴税款，纳税人应在“次年六月三十日前”缴纳税款的规定不够精确，建议将有关期限的表述修改为“取得所得的次年三月三十一日前”、“取得所得的次年六月三十日前”。宪法和法律委员会经研究，建议采纳这一意见。（修改决定草案建议表决稿第十条）

此外，根据常委会组成人员的审议意见，还对草案作了个别文字修改。

在审议中，常委会组成人员对进一步明确专项附加扣除的范围、标准，细化有关减免税和征管规定，改革征管方式等问题，还提出了一些很好的意见、建议。宪法和法律委员会对这些意见建议进行了认真研究，考虑到这次修改个人所得税法是按照党中央的决策部署所进行的个人所得税改革的第一步，可随着改革的不断深入，对相关问题进行统筹研究解决，建议对草案的相关内容不作调整。宪法和法律委员会建议国务院方面认真研究常委会组成人员的审议意见，坚持公平、便民的原则，抓紧制定完善相关配套制度，确保相关制度与法律同步实施，让党中央的改革决策部署落到实处，让广大人民群众切实享受到改革红利；相关部门要做好新的个人所得税法的宣传和政策解读，动员广大人民群众理解改革、拥护改革、支持改革。同时，建议国务院有关部门按照党的十九大报告提出的“深化税收制度改革”的要求，继续深入推进个人所得税改革，及时总结改革经验，适时提出对相关制度进行完善的建议。

修改决定草案建议表决稿已按上述意见作了修改，宪法和法律委员会建议本次常委会会议审议通过。

修改决定草案建议表决稿和以上报告是否妥当，请审议。

全国人民代表大会宪法和法律委员会

2018 年 8 月 31 日